글, 콘티 **이주영**

스무살부터 주식투자를 시작해서 20년 넘게 투자 일을 하고 있다. 주식에 관한 여러 권의 책을 출간했다. 경제와 투자에 관한 교육이 자본주의 사회를 살아가는 사람들에게 큰 힘이 될 거라 생각하고 경제교육에 힘쓰고 있다. 돈또니와 아띠는 아이들이 경제와 투자에 대해 재미있고 쉽게 받아들일 수 있게 쓴 책이다. 현재 유튜브 채널 "슈퍼개미 이주영"을 운영 중이다.

유튜브 채널 "돈또니와 아띠"는 아이들을 위한 경제교육 채널입니다.
"돈또니와 아띠"로 놀러 오세요!

엄마아빠께....

엄마아빠와 처음 시작하는 돈 공부

우리 아이 돈 공부는 어떻게 시작해야 할까요? 사실 우리 아이에게는 돈 공부보다 중요한 공부가 많습니다. 국어, 영어, 수학, 피아노, 바이올린, 태권도, 축구 외에 예절과 사회생활 그리고 친구 관계까지… 한명의 아이를 키우기 위해서는 한 마을이 필요하다는 말에 부모라면 누구나 고개를 끄덕이게 됩니다.

하지만 어른인 우리에게 인생에서 가장 큰 어려움이 무엇인지 묻는다면 그것은 국어도 영어도 수학도 아니고, 피아노도 축구도 아닙니다. 바로 '돈' 문제죠. 돈 문제는 어른인 우리에게도 큰 짐이며 고통입니다. 그래서 어쩌면 사랑하는 우리 아이는 최대한 돈에 대한 고민과 생각을 나중에 했으면 할지 모릅니다. 아마 저도 투자 일을 하지 않았다면 최대한 늦게 돈에 대해서 가르치고 싶었을 것입니다. 일단 '돈'이라는 문제를 생각하면 어른도 골치가 아프기 때문입니다.

하지만 이런 생각을 해보진 않으셨을까요? '어릴 때부터 누군가 돈에 대해서 가르쳐 줬다면 내 인생은 달라졌을 텐데…' 이러한 생각이 출발점이 되어 이 책을 만들기 시작했습니다. 우리 아이들이 어렸을 때부터 돈에 대해서 어렴풋이라도 알게 된다면, 아니 엄마아빠와 제대로 이야기를 나누어 보기만 하더라도 앞으로 살아갈 세상이 분명히 달라질 거라 생각했습니다.

돈에 대한 공부에 '정답은 없다'고 생각합니다. 돈은 늘 바뀌기 때문입니다. 하지만 어린 시절 엄마아빠 그리고 돈또니, 아띠와 함께한 돈에 대한 이야기는 어떤 의미로든 아이가 자본주의 사회를 살아갈 때 큰 영양분이자 밑바탕이 될 거라 생각합니다.

사랑하는 자녀가 돈또니, 아띠와 함께 즐겁고 의미 있는 돈여행을 시작했으면 하는 바람입니다.

등장인물

돈또니

신비로운 전설 속 풍요로운 돈나라에서 여행을 떠나온 돈또니. 어느 날 대한민국이 너무 좋아서 한국돈 '원'이 되기로 했다.
돈또니는 어린이 친구들에게 작은 돈이 큰돈이 되는 방법을 알려 주고 싶어 한다.
돈또니는 밝고 똑똑하며 손재주가 좋다.

아띠

돈또니의 친구, 작은 씨앗(Seed).
명랑하고 호기심이 많다.
돈또니와 함께 쑥쑥 자라
큰 나무가 되고 싶다.
*씨드(Seed): 재테크 할 때 기초가 되는 종잣돈

달손

미국에서 온 친구.
호기심이 많고 운동을 좋아한다.
힘이 세고 자신감이 넘친다.

유리아

유럽에서 온 친구.
미술과 음악을 잘하고 좋아한다.
섬세하고 우아한 매력이 있다.

위홍

중국에서 온 친구.
호탕하고 밝은 성격이다.
요리를 좋아해서 음식을 잘한다.
특히 친구들에게 맛있는 음식을
해주는 것을 좋아한다.

시장

3권은 시장에 관한 내용입니다. 시장은 앞서 함께 공부한 내용인 돈에 대한 계획과 저축, 교환의 원리를 쉽게 체험할 수 있는 공간입니다. 엄마 아빠와 함께 대형마트에서 물건을 고르고 계산대에서 물건의 값을 치르는 일은 이미 아이들에게도 익숙한 일상입니다.

아이와 함께 가까운 시장으로 돈 공부를 하러 가볼까요? 아이들은 시장을 좋아합니다. 시장에서는 많은 물건을 구경하고 직접 만질 수도 있고 언제든지 엄마 아빠에게 떼를 써서(?) 물건을 가질 수 있으니까요.

'넌 이제 아기가 아니라 어엿한 어린이야'라고 말해주며 우리 아이가 시장에서 직접 물건을 고르고 계산을 하는 체험을 할 수 있게 도와주세요. 그러한 과정을 통해서 자연스럽게 계획과 저축, 교환의 원리를 이해시켜 주세요!

그리고 다음으로는 시장에서 수요와 공급으로 만들어지는 가격의 원리를 꼭 이해시켜 주세요. 아이들은 어릴 때부터 무비판적으로 기업에서 정한 가격에 물건과 돈을 교환하는 것이 익숙합니다. 이러한 환경에서는 비싼 것은 무조건 좋은 것, 싼 것은 무조건 덜 좋은 것으로 잘못 인식하게 될 수도 있습니다.

하지만 시장에서 가격은 가치와 상관없이 단순히 수요와 공급의 원리에 의해서 결정된다는 점을 알려주세요. 가치와 상관없이 많은 사람이 갖고 싶어 하는 물건의 가격은 올라가고 반대로 좋은 물건이라도 사람들이 관심을 가지지 않으면 가격이 떨어진다는 점을 이해시켜 주세요. 시장의 많은 물건을 직접 보며 이야기해 보면 더욱 좋습니다. 예를 들어 비슷한 옷이지만 왜 가격이 다른지, 같은 장난감이지만 왜 가격이 다른지 등 비슷한 용도의 물건이지만 왜 가격의 차이가 나는지 설명해 주세요.

이에 더해서 단순히 시장에서 물건을 사는 구매자의 역할만 하는 것보다 자신의 물건을 파는 판매자가 되어보는 체험도 해본다면 시장 가격의 원리에 대해서 더욱 쉽게 이해할 수 있을 것 같습니다.

시장의 가격 형성과 교환 원리를 어릴 때부터 이해하게 된다면 자본주의 사회를 살아가는데 큰 도움이 될 거라 생각합니다. 가까운 시일 안에 아이와 함께 시장으로 놀러가 볼까요?

돈또니랑 아띠랑 함께 시장에 놀러가 볼까?

야호! 시장에 놀러갈 생각하니 벌써 신나!

시장에선 돈또니가 없으면 아무것도 살 수 없잖아! 그러니까 인기가 많지!

물건을 구경하고 사는 건 너무 재미있어! 오늘은 뭘 사볼까?

가이드

시장은 우리 아이들이 앞서 배운 계획과 저축, 교환을 직접 체험할 수 있는 좋은 공간입니다. 책을 보고 배운 내용을 가까운 대형마트나 시장에서 아이와 함께 직접 경험하면 더욱 좋을 것 같습니다.

시장에는 갖고 싶은 물건이 너무 많아!

한 번에 다 사면 후회할 거야!
꼭 사고 싶은 것만 사고 다음을 위해서 돈을 남겨두자!

가이드

시장에는 많은 물건이 있지만 그에 반해서 돈은 한정되어 있다는 점을 아이와 함께 이야기 나누어 보세요. 계획적으로 돈을 소비하지 않고 당장 눈앞에 좋아 보이는 물건을 바로 사면 나중에 후회할 수 있다는 점도 이야기 해주세요.

가장 갖고 싶은 물건 딱 하나만 골라 볼까?

나도 마찬가지야!
다 사고 싶어….
하지만 그렇게 낭비하면
돈또니가
금방 사라질 거야!

다음에 또
놀러오면 되지!
시장은 언제든지
올 수 있어!

가이드

대형마트의 많은 물건 중에서 딱 1개의 물건을 고르는 체험을 할 수 있게 도와주세요!

시장엔 우리가 좋아하는 물건이 가득해.

전부 갖고 싶어! 다 사고 싶어!

하지만 딱 한 개씩만 살까?

돈또니를 아껴 써야 해!

아니면 금방 사라져!

가이드

돈은 한정되어 있기 때문에 꼭 필요한 곳에 사용해야 한다는 점을 이야기해 주세요.
어떻게 돈을 사용해야 가장 만족스러운지도 이야기 나눠 보세요!

내가 아띠라면 돈또니 시장에서 어떤 물건이 가장 갖고 싶을까?

_____

시장에서 갖고 싶은 물건을 사기 위해서는
물건의 가격만큼 돈또니가 필요해!

아! 갖고 싶은 물건을 또니와 바꾸기 위해서는 먼저 가격을 알아야 하는구나!

₩

가이드
돈이 숫자라서 편리한 점에 대해서 이야기 나눠보세요!

 갖고 싶은 물건과 가격

1. 물건 _____ 가격 _____ 원
2. 물건 _____ 가격 _____ 원
3. 물건 _____ 가격 _____ 원

가이드

모든 물건에는 가격이 있고 여러 개의 물건을 사면 물건의 가격만큼 돈이 필요하다는 점을 이해시켜 주세요!

또니가 있으면 시장에서 무엇이든 살 수 있지만
또니가 없으면 시장에서 아무것도 살 수 없어.
그래서 다음을 위해 돈또니를 아껴써야 해!

가이드

냉장고의 사과는 빨리 먹지 않으면 썩어 버리지만, 돈은 상하지 않고 보관하기 쉬워서 한꺼번에 쓸 필요가 없습니다. 당장의 소비보다는 나중을 위해서 돈을 모으는 것이 필요하다는 이야기를 나눠보세요. 지금보다 나중에 더 갖고 싶은 물건이 생길 수도 있잖아요!

시장에서 물건을 팔아 봐!

어떤 물건을 팔아 볼까?

아, 우리가 시장에서 물건을 팔 수도 있구나! 사기만 했지 팔아 본 적은 없는 것 같아!

가이드

시장놀이를 통해서 시장에서는 돈으로 물건을 사는 것뿐만 아니라 물건을 팔 수도 있다는 이야기를 나누어 봅니다. 아이가 자신의 물건을 어떤 가격에 팔고 싶은지 이야기를 나누다 보면 자연스럽게 시장의 원리에 대해 더욱 쉽게 이해할 수 있을 것이라 생각합니다.

아띠의 코끼리 인형은 얼마에 팔 수 있을까?

나의 소중한 코끼리 인형이 멋진 꿈나라 여행을 하고 싶은 예쁜 아기친구들에게 갔으면 좋겠어.

나에겐 무척 소중하니까 코끼리 인형은 비싸게 팔고 싶어!

가이드

아이가 팔고자 하는 물건을 얼마에 팔고 싶은지 희망 가격을 이야기해 보도록 합니다. 그리고 시장에서는 비슷한 물건이 얼마에 팔리는지 알아봅니다. 이러한 과정을 통해 자연스럽게 시장의 가격 형성 원리를 이해하기를 기대합니다.

내 껀 비싸게 팔고 싶어!

아띠야!
너에겐 소중한 인형이지만 시장에서 다른 코끼리 인형보다 비싸게 팔기는 쉽지 않아.

시장에는 정말 많은 코끼리 인형이 있어.

그치만 나에겐 소중한 코끼리야!

다른 코끼리보다 비싸지 않으면 팔고 싶지 않아.

가이드

아이가 물건을 팔기 위해서 가격을 정하고 이야기하는 과정을 통해서 시장의 다양한 상품들을 서로 더 좋은 가격으로 팔기 위해 많은 경쟁을 하고 있다는 것을 알려 줍니다.

가이드

시장에서 물건을 사는 사람은 최대한 싸게 사려고 합니다. 반대로 물건을 파는 사람은 최대한 비싸게 팔려고 합니다. 이렇게 많은 사람들이 거래를 하면서 자연스럽게 시장의 가격이 만들어지는 원리에 대해 이야기 해봅니다.

왜 많은 사람들은 더 좋은 물건이 아니어도 비싸게 사려고 하는 걸까?

시장에서 비싼 물건은 더 많은 사람들이 좋아하는 물건이야!

그런데 많은 사람들이 좋아한다고 해서 꼭 더 좋은 물건은 아니야!

가이드

비슷한 물건임에도 불구하고 가격이 크게 차이가 이유에 대해서 아이와 이야기를 나누어 봅니다. 어떤 점 때문에 가격이 차이가 날까요? (브랜드, 광고, 대중적 인기, 소비자의 기호, 미디어의 노출 등)

골라봐~ 넌 어떤 물건을 갖고 싶니?

넌 둘 중에
어느 장난감이 더 좋아?
비슷한 자동차, 로봇, 인형이지만
어떤 게 더 갖고 싶니?

광고에 나오지 않는 자동차
= 3천만원

TV에 나오지 않는 로봇
= 3만원

안 유명한 곰인형
= 5만원

가이드

시장에서 물건의 가격은 가치와 일치하지 않고, 수요와 공급의 원리로 만들어진다는 점을 이해시킵니다. 가격은 가치와 상관없이 많은 사람들이 갖고 싶어하면 비싸지고 반대로 사람들이 관심이 없으면 하락한다는 점을 이야기해 줍니다.

시장에는 많은 물건이 있답니다.
코끼리 인형도 많아요!

난 아띠의
코끼리야!
난 얼마일까?

난 신발 만드는
사람의 코끼리야!
난 얼마일까?

난 인형 만드는
사람의 코끼리야!
난 얼마일까?

가이드

시장에서 비슷한 종류의 물건이 치열한 가격 경쟁을 하고 있다는 점을 알려줍니다.

어때? 너는 어떤 코끼리 인형을 갖고 싶어?

시장에서 많은 사람이 갖고 싶어하는 코끼리 인형은 저절로 비싸져!

반대로 사람들이 관심이 없는 코끼리 인형은 가격이 싸져!

나의 소중한 코끼리 인형을
다른 코끼리 인형보다 비싸게 팔긴 힘들겠어!
다른 사람들은 내가 얼마나 코끼리 인형과
행복한 추억이 많은지 모를 테니까…

내가 소중하게 생각하는 코끼리 인형이
시장에서 인기가 없어서 속상해.

가이드

시장에서 비슷한 물건이라도 가격의 차이가 나는 이유는 거래를 통해서 가격이 만들어지기 때문이라는 점을 이야기 나누어 보세요. 꼭 비싼 물건이 좋은 것이 아니라는 점을 이야기해주세요. 가격이 비싼 이유는 더 좋은 물건이어서가 아니라 더 많은 사람들이 갖고 싶어하는 물건이기 때문이라는 점을 이해시켜 주세요!

돈또니로 살 수 없는 것?

음… 돈또니로 장난감은 살 수 있지만 친구는 살 수 없어!

다른 사람이 나의 코끼리 인형은 살 수 있지만 코끼리와 함께한 추억과 시간은 살 수 없지!

돈또니가 있어도 살 수 없는 건 또 무엇이 있을까?

가이드

돈으로 살 수 없는 것들에 대해서 아이와 이야기를 나누어 봅니다.

가이드

돈으로 할 수 있는 것과 할 수 없는 것에 대해서 아이와 이야기를 나누어 봅니다.
돈으로 모든 것을 할 수 있는 것은 아니라는 이야기를 나눠보세요. 돈이 중요하지만
전부는 아니라는 점을 안다면 더 지혜로운 어른으로 자랄 수 있지 않을까요?
지금 이 순간 아이와 함께 앉아 이야기를 나누는 행복한 시간도 돈으로 살 수
없으니까요.

3권 워크북

시장원리

우리집에서 가장 가까운 시장은 어디인가요?

우리집에서 가까운 시장을 알아볼까?

편의점

마트

문구점

시장

1. 알고 있는 편의점의 이름을 적어봐요!

| | 편의점　　　| | 편의점

| | 편의점

2. 알고 있는 마트의 이름을 적어봐요!

| | 마트　　　| | 마트

| | 마트

3. 알고 있는 시장의 이름을 적어봐요!

| | 시장　　　| | 시장

| | 시장

시장에서 꼭 사고 싶은 물건은 무엇인가요?

다음 중 시장에서 꼭 사고 싶은 물건에 동그라미를 그려봐!

꼭 사고 싶은 물건의 이름을 적어볼까요?

가장 가지고 싶은 물건을 그려볼까요?

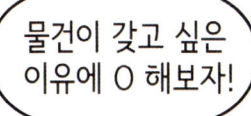

1. 멋있어서 2. 맛있어서
3. 재미있어서 4. 필요해서
5. 친구들이 갖고 있어서
6. TV에서 봐서 7. 자랑하려고
8. 그 외 _____

마트에 있는 물건의 가격을 알아보고, 계산해 볼까요?

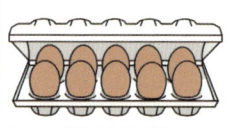

우유 900ml 콜라 500ml 계란 10구 1판

1. 가까운 마트로 가서 사고 싶은 제품의 가격을 알아보세요!

사고싶은 제품 이름	가격	만든 회사

우유 1000원 빵 1500원 초콜릿 800원

2. 돈또니가 마트에 심부름을 갔습니다. 우유 1개, 빵 1개, 초콜릿 1개를 사려면 점원에게 얼마를 드려야 할까요?

내야할 돈 _____ 원

3. 돈또니가 10000원 짜리 1장을 냈다면 점원에게 받아야 할 거스름돈은 얼마일까요?

거스름돈 _____ 원

만원으로 사고 싶은 물건의 계획표를 만들어 볼까요?

순서	사고 싶은 물건	가격
1		
2		
3		
4		
5		
6		
7		

만원의 행복♥

엄마아빠와 시장을 보고 영수증의 물건과 가격을 적어 보아요!

영수증을 따라 적어볼까?			
순서	상품 이름	수량	가격
1			
2			
3			
4			
5			
6			
7			

할인 해주는 물건을 적어봐요!

상품 이름	원래 가격	할인 가격

돈또니와 아띠가 마트에 왔습니다.
틀린 그림 5곳을 찾아보세요!

※ 마켓스펠링, 오토바이 색, 아띠 눈, 돈또니 얼굴, 가방하나 없음, 원숭이-고양이

친구들이 '무궁화 꽃이 피었습니다'를 하고 있어요.
틀린 그림 5곳을 찾아보세요!

※ 고양이 눈, 중앙 꽃 없음, 아띠 입모양, 풍뎅이 없음, 위홍 옷 모양

내가 가진 물건의 가격을 알아볼까요?
얼마를 주고 샀나요?

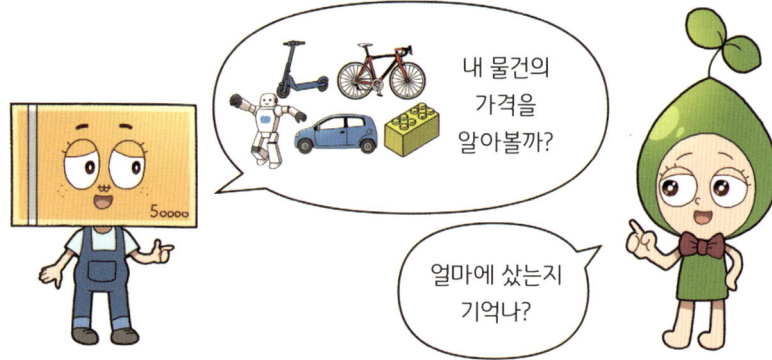

제품 종류	만든 회사 또는 구매 장소	가격
책가방		
신발		
모자		
필통		

이름		이름	
가격		가격	

이름		이름	
가격		가격	

이름		이름	
가격		가격	

내 물건을 시장에 팔아볼까요?
얼마에 팔고 싶어요?

팔고 싶은 물건을 골라볼까요?

팔고 싶은 물건	살 때 가격	더 비싸게 파는 이유
		희망가격
		더 싸게 파는 이유
		희망가격

비싸게 샀지만 잘 가지고 놀지 않는 것, 비싸지는 않지만 자주 가지고 노는 장난감을 적어 볼까요?

비싸게 주고 샀지만, 잘 가지고 놀지 않는 장난감을 적어볼까요?	비싸지 않지만, 자주 가지고 노는 장난감을 적어볼까요?

내가 가진 물건 중 비싸지만 자주 쓰지 않는 물건의 가격을 적어 볼까?

이름			이름	
가격			가격	

특별히 아끼는 물건의 가격을 적어볼까요?

이름			이름	
가격			가격	

돈으로 살 수 있는 것, 돈으로 살 수 없는 것

돈으로 살 수 있는 것과 살 수 없는 것을 구별해보자!

살 수 있는 것은 O칸에 적고 살 수 없는 것은 X칸에 적으면 돼!

사랑, 시계, 가족, 카메라, 건강, 빵, 시간, 친구, 전기, 자유, 행복, 회사, 공장, 기억, 산, 창의성, 책, 지식, 웃음, 꿈, 평화, 용기, 존경, 나이, 인기, 아파트, 땅, 종이, 가스

돈으로 살 수 있는 것(O)	돈으로 살 수 없는 것(X)

돈으로 살 수 있는 이유는 뭐라고 생각해?

이유1	
이유2	
이유3	

돈으로 살 수 없는 이유는 뭐라고 생각해?

이유1	
이유2	
이유3	

비싸다고 다 좋은 건 아니야!
합리적으로 소비하자!

비슷한 물건이지만 어째서 더 비싸질까요?

비싸지는 이유!	덜 비싼 이유!
사람들에게 인기가 많다.	사람들이 잘 모른다
TV에 나온다	TV에 안 나온다
유튜브에 나온다	유튜브에 안 나온다

비슷한 물건이지만 인기가 있기 때문에 더 비싸게 사야 할까요?
합리적으로 소비를 해보아요!

이유 1	
이유 2	
이유 3	

초판 1쇄 2025년 3월 3일

글. 콘티 이주영
제작 돈또니경제교육
펴낸이 이주영
펴낸곳 돈또니
출판등록 제 373-2023-000012호
주소 울산광역시 울주군 범서읍 대리로 105 이림빌딩 5층
이메일 koko0614@hanmail.net
유튜브 돈또니와 아띠

ISBN 979-11-991070-45

돈또니경제교육 Corp All Rights Reserved.
책값은 뒤표지에 있습니다.
이 책은 저작권법에 따라 보호받는 저작물이므로 무단복제를 금지하며
이 책 내용을 이용하려면 저작권자와 돈또니경제교육의 서면동의를 받아야 합니다.